LES ANIMAUX VENIMEUX

PAT HANCOCK

ILLUSTRATIONS DE
JOHN GIBSON

TEXTE FRANÇAIS DE
DOMINIQUE CHAUVEAU

Scholastic Canada Ltd.

Titre original: Poisonous Creatures

ISBN 0-590-74088-1

10 9 8 7 6 5 4 3 2 1   Imprimé à Hong-Kong   3 4 5 6 7/9

L'anémone

L'anémone est magnifique. Elle ressemble à une fleur exotique se balançant paresseusement dans la brise sous-marine. Mais sa beauté gracieuse peut être un piège mortel pour les petits animaux marins.

La «tige» de l'anémone, en forme de tube, constitue son corps. L'ouverture, à l'extrémité supérieure du tube, est sa bouche. Ses «pétales» sont, en fait, des tentacules — petits et épais ou longs et minces. Bien que l'anémone mesure souvent moins de dix centimètres de large, ses tentacules la font paraître beaucoup plus imposante.

Les tentacules sont garnis de cellules urticantes spéciales. Chacune de ces cellules renferme un filament creux enroulé sur lui-même comme un ressort. Quand un poisson s'aventure trop près d'elle, l'anémone projette sur lui ses filaments qui se détendent comme des flèches et lui injectent un poison. Incapable de bouger, la proie condamnée est tirée dans la bouche, puis dans le corps de l'anémone, où des sucs digestifs commencent à la décomposer.

Des anémones de toutes les couleurs vivent dans tous les océans du monde. Elles décorent les récifs de corail et les bassins le long des côtes. Comme plusieurs autres animaux dangereux, leurs couleurs brillantes servent d'avertissement : «Regardez, mais ne touchez pas».

Le minuscule poisson-clown vit parmi les tentacules de l'anémone sans se faire piquer. Lorsqu'un ennemi le poursuit, il se réfugie «chez lui», où seuls les prédateurs les plus imprudents osent le suivre.

Le dentrobate

Le poison extrêmement mortel du dentrobate ne le protège pas d'un prédateur — l'être humain. En Amazonie, certains chasseurs s'en servent pour transformer leurs flèches en armes mortelles. Ils le prélèvent en tenant l'animal au-dessus d'une flamme, jusqu'à ce que le poison suinte de sa peau. C'est le poison le plus mortel qui soit connu. Une petite quantité, appliquée sur la pointe d'une flèche, suffit pour tuer un singe ou un oiseau en quelques secondes.

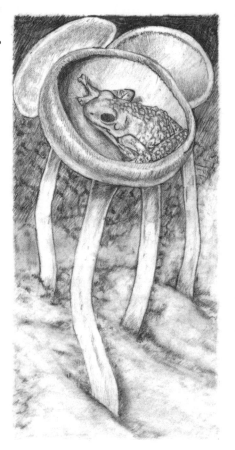

Le dentrobate vit dans les arbres des forêts tropicales d'Amérique du Sud et d'Amérique centrale. Ses «orteils» se terminent par des coussinets gluants qui l'aident à se déplacer sur les larges feuilles et les branches glissantes. Il pond ses œufs dans des petites mares d'eau qui se forment à la base de grappes de longues feuilles épineuses. Lorsque les têtards naissent, il les transporte sur son dos.

Ces grenouilles sont des proies faciles, car elles ne se déplacent pas rapidement et leurs couleurs brillantes attirent l'attention. Mais la plupart des animaux savent qu'un dîner de dentrobate serait leur dernier.

On retrouve aussi des grenouilles venimeuses en Afrique. L'une d'elles, minuscule, est d'un noir brillant, avec des rayures et des points roses. Elle sécrète une substance laiteuse qui, au toucher, provoque une douleur et une sensation de brûlure.

Le réduve

Le réduve est un chasseur mortel. Lorsqu'il voit une chenille, une blatte ou une abeille, il bondit sur elle et la saisit avec ses puissantes pattes avant. À l'extrémité de celles-ci, des coussinets aux poils raides l'aident à tenir sa proie comme dans un étau. Vite, le réduve transperce sa victime avec son rostre puissant semblable à un bec, situé sous sa tête. Au milieu du rostre descend un long tube à travers lequel circule une salive toxique qui s'attaque immédiatement aux muscles et aux nerfs, tuant la victime en moins de cinq secondes.

La salive toxique commence alors à décomposer le corps de la victime, en le liquéfiant. Le réduve aspire alors la nourriture liquéfiée par le tube du rostre.

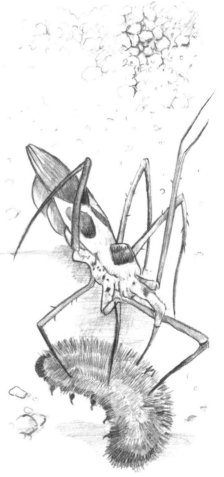

Il existe environ 3 000 différentes sortes de réduves dans le monde. Plusieurs se défendent en arrosant l'agresseur de leur poison. Ils visent bien et peuvent temporairement aveugler des animaux affamés, comme les oiseaux, les grenouilles et les souris, en leur crachant dans les yeux.

Certaines sortes de termites arrosent d'un liquide les animaux qui attaquent leurs nids. Au contact de l'air, ce liquide devient collant et forme des fils gluants. Un seul termite ne suffit pas pour défendre le nid, mais l'odeur du liquide prévient les autres termites de commencer à cracher, eux aussi. L'attaquant ne tarde pas à prendre la fuite.

L'abeille

Il existe près de 20 000 différentes sortes d'abeilles dans le monde, et le bourdon est le plus gros d'entre elles. Son bourdonnement sonore et ses teintes jaunes et noires avertissent les prédateurs de ne pas s'approcher. S'il se sent menacé, le bourdon utilise une arme puissante — son dard — pour se défendre. Relié à une glande à venin, le dard fonctionne comme une mini-aiguille hypodermique, lorsque le bourdon l'enfonce dans son ennemi.

Chez les abeilles, seule la femelle peut piquer, parce que son dard est un ovipositeur — organe à l'aide duquel l'insecte dépose ses œufs — modifié. La femelle capable de pondre se sert de son ovipositeur pour déposer ses œufs dans un endroit où ils pourront éclore en toute sécurité. Mais beaucoup de femelles ne peuvent pas produire d'œufs. Leur ovipositeur se transforme en dard capable de causer une douleur cuisante.

L'extrémité du dard de l'abeille est barbelée, si bien qu'il reste pris dans la peau lorsque l'abeille s'en va. Sans lui, l'abeille meurt. Le bourdon possède un dard mou qu'il peut retirer et réutiliser.

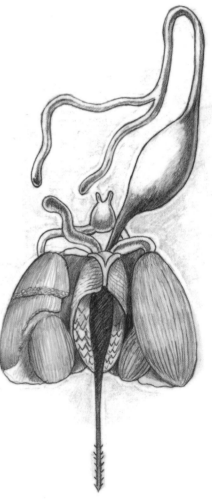

un dard d'abeille relié à la glande à venin

Les gens tentent désespérément d'éviter les piqûres d'abeilles et de guêpes, mais, à moins de souffrir d'une allergie au poison de l'abeille, la morsure du taon ou de la mouche à chevreuil est beaucoup plus douloureuse. Ces mouches sont dotées d'un appareil buccal leur permettant de mordre et d'arracher des petits morceaux de peau.

La veuve noire

Parmi les araignées venimeuses, les plus petites causent les morsures les plus toxiques. La veuve noire femelle, qui ne mesure qu'un centimètre de long, est la plus dangereuse de toutes.

Lorsqu'une proie, une mouche par exemple, se prend dans la toile d'une veuve noire, cette dernière s'élance dessus et l'entoure de fils de soie pour la retenir fermement. Tandis que la mouche lutte pour s'échapper, les crochets de la veuve noire la pénètrent. Ces crochets sont reliés par un conduit à une glande à venin située à l'arrière de la tête de l'araignée. La mouche cesse de se débattre dès que le venin paralysant commence à faire effet.

Tout comme son nom l'indique, cette araignée est noire. Elle arbore cependant une marque rouge vif de la forme d'un sablier, à la base de son abdomen rond. Cette marque prévient les prédateurs du danger. Le mot «veuve» vient de la croyance selon laquelle la femelle mangerait le mâle après l'accouplement. Mais des études ont démontré que cela n'était pas toujours vrai. Bien souvent, le mâle s'en va et peut s'accoupler de nouveau.

une veuve noire avec un sac d'œufs

Comme la plupart des araignées, l'araignée des jardins n'est pas dangereuse pour les prédateurs. Cependant, les bandes jaunes et noires de son dos imitent les couleurs d'une guêpe. Les prédateurs, croyant qu'elle peut les piquer, l'évitent.

La cantharide

Lorsqu'on le touche, le corps de la cantharide sécrète un liquide spécial qui, au contact de la peau, provoque des ampoules et une sensation de brûlure. Il y a très longtemps, on réduisait en poudre le corps des cantharides pour en faire un médicament. On croyait que les brûlures et les ampoules qu'elles causaient aidaient à faire sortir la maladie du corps des malades.

Les cantharides se retrouvent partout dans le monde et en plusieurs variétés. L'une des plus connues est la mouche d'Espagne. D'un vert brillant, elle mesure près de deux centimètres de long. Ses couleurs vives et ses marques particulières, comme celles de toutes les cantharides, mettent les prédateurs en garde.

Au cas où un prédateur inexpérimenté aurait envie d'un goûter, la cantharide possède une carapace solide. Elle peut survivre à des morsures mineures — à moins, bien sûr, que le prédateur ne s'attaque à une partie importante, comme la tête. Habituellement, la cantharide survit et laisse l'attaquant à cracher, convaincu qu'il ne s'y risquera plus jamais.

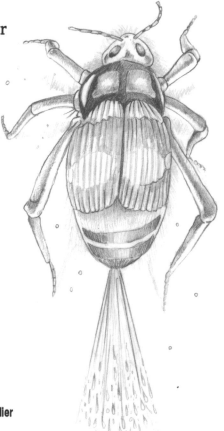

un bombardier

Le bombardier se défend de façon explosive. S'il est menacé, il sécrète deux substances chimiques dans une chambre spéciale située à l'intérieur de son abdomen. Lorsque ces substances réagissent, elles produisent un liquide chaud et un gaz. La pression augmente jusqu'à ce que le liquide explose en un jet brûlant projeté directement sur l'ennemi.

Le boomslang

Le boomslang peut être difficile à repérer —
jusqu'à ce qu'il saisisse un oiseau en vol. Il mord
ensuite sa proie et son venin puissant la paralyse
en quelques secondes seulement. Une fois avalé,
l'oiseau a un long chemin à parcourir avant
d'être entièrement digéré, car ce serpent africain
peut mesurer jusqu'à deux mètres de long.

La plupart des boomslangs sont verts ou bruns,
ce qui leur permet de se confondre facilement
aux arbres et aux buissons. Lorsque le serpent
s'étire ou se gonfle, sa peau noire est visible entre
ses écailles colorées. Le boomslang appartient à
un groupe de serpents dont les crochets sont
situés à l'arrière de la bouche et non à l'avant. Il
doit habituellement maintenir fermement sa
proie avec ses mâchoires pour l'empoisonner.
Mais un boomslang ouvre si grand ses mâchoires
qu'il peut frapper sa proie d'un seul coup de
crochets et se retirer immédiatement.

Lorsqu'un boomslang attaque, son venin,
sécrété dans une glande spéciale au-dessus de ses
dents, est injecté dans la plaie par ses crochets. Le
venin du boomslang est très toxique. Son effet
peut se faire sentir presque immédiatement, et il
est assez puissant pour tuer un adulte humain.

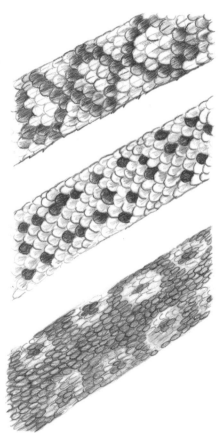

motifs de peaux de serpent

*Il existe 2 700 différentes sortes de serpents dans le monde. Plusieurs personnes en ont peur,
même si seulement 400 sortes sont venimeuses. Plusieurs croient, à tort, que les serpents sont
gluants. En fait, leur peau est sèche et lisse et, parfois, couverte de jolis motifs.*

Le cobra

Le cobra royal du sud de l'Asie est le plus gros serpent venimeux du monde; il peut mesurer plus de cinq mètres.

Il a plusieurs cousins qui sont énormes, comme le mamba noir d'Afrique tropicale. Parmi ses cousins plus petits, on compte le serpent corail qui vit dans le sud des États-Unis.

Malgré la taille du cobra royal, ses minces crochets pointus sont plutôt petits — environ deux millimètres de long. Mais ils font bien leur travail. Un tube creux les traverse, à partir d'une glande à venin située dans le palais. Lorsque le cobra se prépare à attaquer, il dresse la tête, déploie sa collerette et, soudain, ouvre très grand la gueule. Projetant la tête en avant, il poignarde sa victime de ses crochets qui sortent de sa mâchoire supérieure, injectant le venin directement dans la piqûre. Ensuite, il recule et attend que le venin agisse. La morsure est peu douloureuse, mais le venin est suffisamment puissant pour tuer un éléphant.

Habituellement, le cobra royal n'attaque que lorsqu'il a faim. Comme tous les autres serpents, il est carnivore; il mange de la viande, et sa préférence va vers les autres serpents.

Le serpent cracheur d'Afrique possède un système de défense à distance. Il peut projeter, les uns à la suite des autres, des jets de venin aveuglant à tout prédateur qui s'approche à quelques mètres de lui.

Le cornet

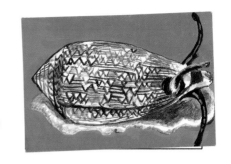

Lorsqu'ils sont en danger, la plupart des escargots rentrent dans leur coquille dure pour se mettre à l'abri. Mais pas le cornet. Cet animal marin sort à moitié de sa coquille, armé et prêt à se battre.

L'arme du cornet est un long tube situé à l'intérieur de son corps et rempli de dards venimeux. Lors d'une attaque, le tube sort et les minuscules dards qu'il contient sont projetés en direction de l'attaquant, pour l'injecter de venin. Le poison agit rapidement : les muscles de la proie se détendent; elle cesse de respirer et meurt.

Ce défenseur dangereux est aussi un prédateur venimeux. Il ne peut chasser pour se nourrir, mais quand un poisson savoureux ou un ver marin nage tout près, il sort son tube rempli de dards. En un rien de temps, la proie ne bouge plus et le cornet l'avale tout entière.

Le cornet n'a pas besoin de cacher ses œufs, comme le font plusieurs escargots. Les œufs étant recouverts d'une substance au goût horrible, les animaux les laissent tranquilles.

Le poisson-chirurgien est un autre défenseur possédant une arme secrète. De chaque côté de sa queue se trouvent des épines tranchantes comme des lames. Lorsqu'elles ne sont pas en usage, les épines sont rentrées dans un repli, contre le corps du poisson. Mais en un instant, elles surgissent comme des couteaux à cran d'arrêt pour frapper l'attaquant.

Le corail

Comme l'anémone, le corail est un petit animal qui ressemble à un tube garni d'un panache de tentacules. Chaque polype est fixé à une base en calcaire ayant la forme d'une coupe, qui se forme, avec le temps, à partir d'un composé de calcium que produit le polype. Des millions de polypes grandissant ensemble pendant des milliers d'années peuvent créer un récif qui s'étend sur des kilomètres.

Un corail ne peut quitter sa maison, mais il peut tout de même chasser. Lorsque de minuscules animaux semblables à des crevettes nagent tout près, le polype déploie ses tentacules jusqu'à les toucher. Ces tentacules sont armés de petits filaments comme ceux de l'anémone. Le corail projette ses filaments sur les petits nageurs et leur injecte un poison qui les étourdit. Les tentacules portent ensuite la nourriture à la bouche de l'animal.

Un polype est incolore, mais un lit de corail prend les teintes les plus surprenantes. Cela est dû aux algues microscopiques très colorées qui vivent dans les tissus du polype. Ces cellules végétales fabriquent de la nourriture à partir de la lumière solaire et des déchets du polype, et ce dernier s'en nourrit.

des polypes de corail vus de près

Un polype développe son habitat de carbonate de calcium autour d'un petit ver marin. Ses tentacules urticants protègent le ver, et le ver entraîne le corail vers des endroits où la nourriture est plus abondante.

Le solénopsis

Cet insecte est petit et ressemble à une fourmi ordinaire, mais avec une différence majeure. À l'extrémité de son abdomen se trouvent de minuscules aiguillons. Sans prévenir, le solénopsis pique les gens et les animaux qui l'approchent. Sa piqûre est toxique et peut être assez douloureuse, provoquant une intense sensation de brûlure.

Les grands monticules que sont les nids des solénopsis abondent dans plusieurs champs d'Amérique du Sud et du sud des États-Unis. Les fermiers qui travaillent dans ces champs essaient de ne pas déranger ces petits animaux désagréables. Une piqûre blesse, mais des centaines de piqûres provoquent une douleur atroce. Parfois, des essaims de solénopsis déclenchent une attaque de groupe piquant encore et encore. Les victimes d'une telle attaque ont l'impression d'avoir été ébouillantées ou piégées dans un incendie. Elles deviennent très malades et peuvent parfois même en mourir.

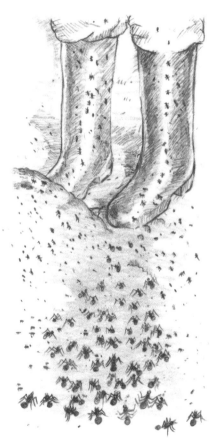

Une autre sorte de fourmi, la fourmi rousse, utilise de l'acide formique pour se défendre. Elle garde ses ennemis à distance en leur projetant cette substance chimique spéciale.

La mutille n'est pas vraiment une fourmi, mais une guêpe. La femelle n'a pas d'ailes et est armée d'un dard vicieux. Les mutilles sont parfois appelées «tueuses de vaches», mais elles ne sont pas aussi puissantes. Le bourdon est la proie la plus grosse qu'elles peuvent tuer.

La salamandre maculée

Il y a très longtemps, les gens croyaient que les salamandres pouvaient vivre dans le feu. Mais la salamandre maculée d'Europe doit son nom à autre chose. Le poison laiteux qu'elle exsude par les pores de la peau laisse une impression de brûlure sur la langue et entraîne souvent des vomissements.

Cet animal d'un noir de jais est couvert de taches d'un jaune brillant. Les coloris et les motifs impressionnants servent d'avertissement aux prédateurs affamés. Même si une salamandre maculée meurt au cours d'une attaque, l'animal qui l'aura tuée n'en goûtera pas d'autre.

Le sonneur d'Europe est un autre amphibien venimeux qui annonce le danger. Lorsqu'il est menacé, il dresse la tête très haut dans les airs et gonfle sa poitrine pour bien mettre en évidence son abdomen rouge, noir et blanc. Il va même parfois jusqu'à se coucher sur le dos pour s'assurer que les couleurs de son abdomen se voient clairement. Son cousin d'Amérique à l'abdomen noir et blanc, le crapaud américain, fait la même chose.

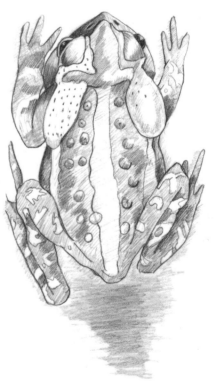

un sonneur d'Europe

Le poison d'un autre crapaud, le crapaud géant, est suffisamment toxique pour tuer un chien qui tenterait de le manger. Lorsqu'il est menacé, le crapaud géant se gonfle d'air. Sa taille et surtout les sons caractéristiques qu'il émet en guise d'avertissement sont des armes convaincantes.

Le pitohui dichrous

Les jungles de la Nouvelle-Guinée abritent de nombreux serpents venimeux et insectes aux piqûres cuisantes. On y trouve aussi l'animal le plus étrange qui soit — un oiseau venimeux!

Le pitohui dichrous a à peu près la taille du merle américain. Il est très coloré, avec son corps rouille et sa tête, ses ailes et sa queue d'un noir brillant. Des volées de pitohuis bruyants se rassemblent dans le ciel de la jungle pour se nourrir de fruits et d'insectes. Ils semblent être une proie facile, mais les autres animaux les évitent.

Les scientifiques en ont récemment trouvé la raison. Le pitohui fabrique une toxine mortelle qui agit sur le système nerveux — le même poison que le dentrobate sécrète. En doses importantes, il peut paralyser et même tuer un petit prédateur. Cependant, le simple fait de goûter à son plumage met en garde la plupart des attaquants.

Jusqu'à aujourd'hui, le pitohui est le seul oiseau venimeux connu des scientifiques, et ces derniers poursuivent leurs études à son sujet. Ils aimeraient savoir comment cet oiseau se protège contre lui-même. Son corps en entier, pas juste sa peau et ses plumes, contient cette toxine dommageable pour le système nerveux. Des experts se demandent pourquoi le poison ne paralyse pas aussi les muscles du pitohui.

Les scientifiques capturant les oiseaux de paradis pour les étudier souffraient de sensations de picotements et d'engourdissement au niveau de la peau. Il leur a fallu un certain temps avant d'associer leur expérience aux nombreux pitohuis qu'ils libéraient de leurs filets. Ils en vinrent finalement à une hypothèse qu'ils vérifièrent — en léchant un pitohui!

La méduse

La magnifique et fragile méduse se retrouve dans tous les océans du globe. Elle ressemble à une tasse ou à une soucoupe qui flotte, avec une frange de longs fils en dessous du corps. Son corps gélatineux peut être bleuâtre ou pourpre, rose pâle ou rose vif, ou même jaune. Certaines ressemblent à des arcs-en-ciel flottants et d'autres ont la transparence de fantômes.

Mais leur beauté n'est même pas superficielle. Comme l'anémone et le corail, la méduse possède des tentacules équipés de cellules urticantes. Le simple fait de frôler ces tentacules suffit pour détendre ces cellules qui relâchent leurs filaments venimeux.

La morsure d'une méduse peut être extrêmement douloureuse pour l'être humain. Elle peut paralyser un gros poisson et tuer un plus petit.

Il est difficile de croire qu'un tel prédateur venimeux soit si fragile que de fortes vagues peuvent le réduire en morceaux. Son corps est principalement constitué d'eau enveloppée d'une mince couche de cellules, semblable à un sac de gélatine. Pourtant, elle peut mesurer jusqu'à quatre mètres de large et avoir des tentacules de près de 30 mètres de long.

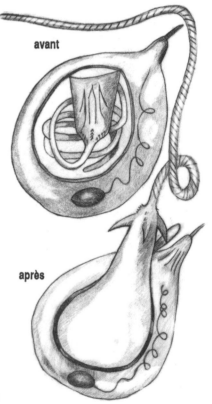

avant

après

cellule urticante

La galère portugaise est plus qu'un animal. La partie à la surface est un disque gélatineux en forme d'ombrelle surmonté d'une crête. Les tentacules sont des colonies de polypes individuels longs de plusieurs mètres. Ils sont chargés de cellules urticantes pouvant tuer un être humain.

L'héloderme suspect

L'héloderme suspect est un animal timide qui recherche la tranquillité. Il se nourrit principalement d'oisillons et d'œufs d'oiseaux. Il n'a pas besoin d'utiliser son venin pour attraper ce genre de nourriture. Il ne se sert donc de sa défense mortelle que lorsqu'il est menacé et, auparavant, il siffle un avertissement aux prédateurs qui s'approchent trop près.

La timidité de l'héloderme suspect ne l'empêche pas de bien se défendre en cas d'attaque. Si un prédateur ignore son avertissement, un venin puissant sort des conduits situés dans la mâchoire inférieure du lézard. Le poison afflue près des larges crochets, à l'avant de la mâchoire. Il suinte le long des sillons, sur les côtés des crochets. Le lézard mord l'attaquant et le poison s'infiltre dans la plaie.

Plus le lézard peut maintenir longtemps l'attaquant entre ses mâchoires, plus il y a de venin qui pénètre dans la plaie. Il s'en suit immédiatement une douleur atroce, si bien que même une toute petite quantité de venin mettra en fuite le prédateur qui réussira à s'échapper de la prise du lézard.

Le monstre de Gila mesure environ la moitié de la taille de l'héloderme suspect. Une espèce aux couleurs vives vit dans des terriers, au sud-ouest des États-Unis. Il est noir comme du charbon avec des marques rose saumon.

Le monarque

Au stade larvaire, la seule nourriture du monarque est le laiteron. Cette plante contient une substance qui, en doses suffisamment grandes, affecte le cœur et peut même causer la mort. Plus la chenille mange de laiterons, plus le poison s'emmagasine dans son corps.

Le poison reste dans le corps du monarque, même lorsqu'il est devenu un papillon adulte et qu'il commence à se nourrir de nectar au lieu de laiterons. Si un oiseau mange un monarque, il ne tarde pas à être très malade et, pendant les 20 à 30 minutes qui suivent, il ne cesse de régurgiter.

C'est là une expérience qu'un oiseau n'oublie pas de si tôt. Il prend rarement le risque de manger un autre monarque. En fait, il évitera tout papillon aux couleurs orange vif et noir.

monarque

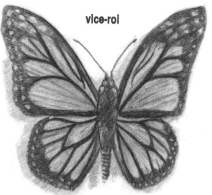

vice-roi

Plusieurs types de papillons inoffensifs, comme le vice-roi, profitent du système de défense du monarque à cause de leur livrée aux couleurs identiques. Cette protection — mimant son cousin venimeux — n'est efficace que si les deux espèces, le papillon venimeux et l'inoffensif, vivent dans la même région.

L'ornithorynque

L'ornithorynque est un mammifère d'Australie très étrange. Au lieu de donner naissance à des petits qui lui ressemblent, comme la plupart des mammifères le font, la femelle pond des œufs et les couve.

Le mâle est étrange d'une autre façon. Il appartient à l'une des trois seules espèces de mammifères qui produisent un venin. Ce venin s'écoule par des conduits provenant d'une glande située dans son corps, descend dans les pattes jusqu'aux chevilles, derrière des aiguillons semblables à des griffes. Chaque aiguillon est percé d'un trou en son centre pour permettre au venin de s'écouler. Si l'ornithorynque est attaqué par un chien sauvage, il donnera soudain des coups de pattes violents à l'attaquant et lui plantera ses aiguillons dans le corps. Selon la taille du prédateur, la dose de venin injectée peut être mortelle. En tout cas, elle est douloureuse.

Seul le mâle ornithorynque possède des aiguillons. Certains spécialistes avancent qu'il y a très longtemps, les mâles auraient développé ces aiguillons pour se battre entre eux pour une femelle, plutôt que pour se défendre contre les prédateurs.

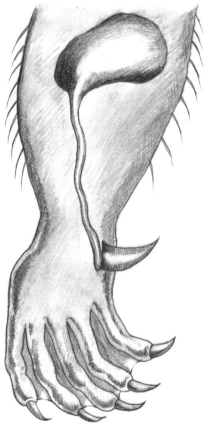

un aiguillon et
une glande à poison

La musaraigne et certaines sortes de taupes sont les deux autres mammifères qui produisent du venin. La salive d'une musaraigne est toxique. Lorsqu'elle mord de petites proies, comme des vers ou des souris, la salive pénètre dans la plaie. Bien vite, les victimes sont paralysées et la musaraigne les rapporte dans son nid pour augmenter ses provisions.

Le triodon

Le triodon est un poisson au corps rigide, qui se déplace lentement. Il barbote, se servant de ses nageoires pectorales ou de côté, comme de petites rames. Incapable de fuir rapidement en cas d'attaque, il ne tente même pas de le faire. Au lieu de cela, il utilise son seul moyen de défense.

Prenant de grandes gorgées d'eau ou d'air, le triodon menacé commence à se gonfler. N'ayant pas de côtes pour maintenir sa forme, il peut donc se gonfler jusqu'à environ le triple de sa taille normale. En peu de temps, il est trop gros pour qu'un poisson affamé n'en fasse qu'une bouchée.

Lorsqu'il est gonflé, le triodon ne peut presque plus bouger du tout. Un gros prédateur peut donc toujours s'en emparer et le mordre. Mais quelle erreur! Certaines parties du triodon sont tellement toxiques que le simple fait d'y goûter peut tuer un être humain en quinze minutes. Il n'en demeure pas moins que les Japonais considèrent le fugu, une espèce de triodon, comme un mets délicat. Les chefs qui le préparent doivent apprendre à bien nettoyer les organes qui renferment le poison mortel. Des erreurs peuvent survenir, mais il est rare qu'elles soient fatales.

Le poisson porc-épic est une sorte de triodon dont le corps est parsemé d'épines. Lorsqu'il se gonfle, ses épines se hérissent pour ne faire qu'une énorme bouchée excessivement piquante.

Le serpent à sonnettes (crotale)

Le crotale diamant peut frapper plus vite que l'œil ne peut le suivre. La minuscule plaie qu'il fait dans la peau de sa victime est presque invisible. Mais peu après avoir été mordue, une proie aussi petite qu'une souris arrête de bouger. Le crotale peut alors dîner à loisir.

Ce prédateur venimeux fait partie de la famille des vipères. Comme les autres vipères, sa tête triangulaire est plus large que son cou. Ses longs crochets réunis sont situés à l'avant de la mâchoire supérieure. Lorsque la vipère ne s'en sert pas, ils sont repliés au fond de sa gueule, contre son palais.

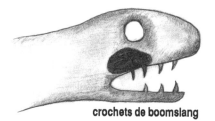

crochets de boomslang

Un crotale menacé siffle et commence à agiter les tambours qui ornent le bout de sa queue. Si ce bruit n'effraie pas l'intrus, il dresse la tête plus haut, dans un mouvement en forme de S, et se prépare à attaquer. Ses crochets sortent de la mâchoire, prêts à entrer en action.

crochets de la vipère en action

Pour les gros animaux, la morsure du crotale provoque d'abord une douleur suivie d'un engourdissement et d'une enflure. Si on ne la traite pas immédiatement, la peau autour de la morsure pourrit souvent, entraînant un empoisonnement du sang et parfois, la mort.

crochets de la vipère au repos

Les vipères comme le crotale, le mocassin d'eau et le mocassin à tête cuivrée sont appelées trigonocéphales parce qu'elles ont de profondes fossettes de chaque côté de la tête. Ces fossettes sont des organes thermo-récepteurs très sensibles. Nuit et jour, ils peuvent déceler la chaleur corporelle d'un animal tout près. Ces organes permettent aux vipères de frapper leurs proies avec précision.

Le scorpène

Le scorpène nage très lentement. Il arbore des couleurs vives, de sorte que les autres poissons puissent le voir facilement. Cependant, il peut se permettre de prendre son temps — ses moyens d'auto-défense mettent un prédateur en fuite, en un rien de temps.

Les nageoires dorsales du scorpène sont renforcées par plusieurs longues épines effilées comme des aiguilles. Lorsqu'il est dérangé, il dresse ses épines en signe d'avertissement. Si un ennemi s'approche trop, le scorpène le charge. Les épines assènent non seulement un coup douloureux, mais elles libèrent aussi un poison puissant.

Le scorpène utilise ses épines autant pour chasser sa nourriture que pour empêcher les prédateurs de le manger. Il se cache souvent dans les crevasses sombres des récifs de corail, attendant d'embrocher un poisson qui passe à proximité. Les plongeurs sous-marins doivent faire très attention de ne pas frapper accidentellement l'un d'eux.

Les motifs colorés qu'affichent différentes sortes de scorpènes servent à avertir les autres poissons de rester à distance.

Le scorpène doit son nom au scorpion terrestre venimeux. Cet animal libère son venin en soulevant la queue et en frappant sa victime avec son crochet incurvé. La piqûre peut tuer, mais le scorpion ne s'en sert qu'en dernier recours.

La limace de mer

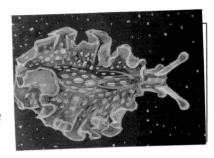

La plupart des limaces terrestres sont des animaux au corps mou et grisâtre. Mais la limace de mer prend les formes et les couleurs les plus surprenantes. Et contrairement à ses cousins vulnérables, plusieurs d'entre elles se défendent très bien.

La limace de mer appartient au grand groupe des animaux marins appelés nudibranches (sans branchies). Certaines espèces de nudibranches peuvent manger des anémones sans se faire piquer. Pour une raison ou pour une autre, les cellules urticantes de l'anémone, ou nématocystes, transpercent la limace de mer sans libérer leurs minuscules filaments empoisonnés. Les nématocystes déménagent sur le dos de la limace de mer, à l'extrémité des structures semblables à des tentacules aux formes bizarres. Lorsqu'un prédateur attaque la limace de mer, il se fait piquer par les tentacules, tout comme s'il s'était agi d'une anémone ou d'un polype de corail.

Plusieurs poissons ne font donc que jeter un coup d'œil à ces animaux colorés et s'éloignent à la recherche d'un autre genre de nourriture. Et la très belle «orchidée des mers» demeure intacte.

Certaines limaces de mer se nourrissent d'éponges recouvertes de petites aiguilles. Les aiguilles deviennent une part de la peau de la limace, qui prend aussi la couleur de l'éponge. L'éponge sert donc également de camouflage à la limace de mer.

Le serpent de mer

Tous les serpents de mer sont très venimeux. Leurs crochets sont petits, mais mortels, tout comme ceux de leurs cousins terrestres, les cobras. Les crochets sont situés à l'avant de la mâchoire supérieure. Le serpent de mer a aussi plusieurs petites dents pour l'aider à mastiquer les morceaux d'aliments.

Ces serpents sont d'excellents chasseurs sous-marins. Ils ont une très petite tête et un long corps aplati. Ils se servent de leur queue plate comme d'une pagaie pour chasser les poissons, les crevettes et les anguilles. L'une des espèces ne se nourrit que d'œufs de poissons.

Le serpent de mer évite habituellement les humains, même lorsqu'il y a un grand nombre de nageurs dans les environs. Mais si quelqu'un marche accidentellement sur lui, il se défendra avec ses crochets. Le poison du serpent de mer peut rendre une personne excessivement malade. Et le venin d'une des espèces est mortel — il est 50 fois plus puissant que le venin du cobra royal.

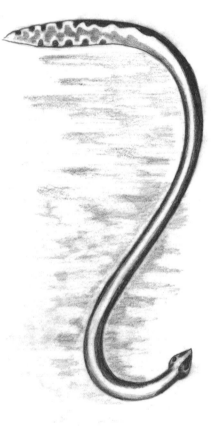

Les anguilles sont parfois confondues avec les serpents lorsqu'elles glissent dans l'eau. Mais ce sont en réalité des poissons. Une des espèces, l'anguille électrique, développe dans son corps une charge électrique suffisamment puissante pour assommer et même tuer la proie qu'elle attaque.

L'oursin

Ces petits animaux marins piquants sont parfois appelés hérissons de mer. Ils existent en un arc-en-ciel de couleurs et la longueur de leurs aiguilles varie. Les aiguilles sont fixées au corps dur de l'oursin par de petites articulations qui lui permettent de les faire bouger dans toutes les directions. Chaque aiguille se termine par deux ou trois minuscules pinces. Quand l'oursin bouge ses aiguilles, les petites pinces saisissent des morceaux de nourriture.

Certains oursins se déplacent sur des pieds semblables à des petits tubes, qui sortent des aiguilles. Les pieds se terminent par des ventouses qui se fixent à tout ce qui est solide. Lorsqu'ils sont fixés, les pieds rapetissent et l'oursin se déplace sur une courte distance, jusqu'à ce que les pieds se rattachent et se contractent à nouveau.

coupe transversale

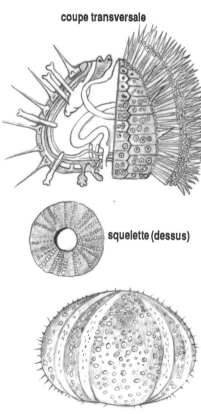

Les oursins adultes dont les aiguilles sont complètement formées ont très peu d'ennemis, même si les phoques et les êtres humains aiment les pêcher et les manger. Les nageurs et les plongeurs sous-marins doivent faire bien attention de ne pas marcher sur l'un d'eux. Les aiguilles de certains oursins de mer sont si dures qu'elles peuvent se briser et rester enfoncées dans le pied, comme un éclat de verre. Certaines aiguilles sont aussi empoisonnées.

squelette (dessus)

squelette (de côté)

Une sorte d'oursin, le diadema, possède de très longues aiguilles cassantes. Des bancs de minuscules poissons, les poissons cardinaux, habitent parmi ces aiguilles. Protégés par elles, ils ne courent aucun danger.

La chenille épineuse

Les chenilles tendres, qui se déplacent lentement, sont souvent des cibles faciles pour les insectivores affamés. Mais mordre dans une chenille épineuse provoque un étouffement.

Il existe plusieurs sortes de chenilles épineuses. La chenille rose, semblable à une limace, est couverte de minuscules aiguilles creuses reliées à des glandes à venin. Lorsqu'on les touche, ces aiguilles injectent du poison dans la peau du prédateur, provoquant une douleur insupportable. Le poison du mégalophygide brésilien peut paralyser un adulte humain pendant plusieurs jours.

Les minuscules poils pointus de l'insecte peuvent entraîner des démangeaisons brûlantes. Certaines chenilles cachent des touffes de poils colorés sous les replis de la peau du dos. Lorsqu'elles sont menacées, elles arquent le dos et tentent de planter ces poils dans l'attaquant. Certaines chenilles poilues se regroupent et relâchent des milliers de poils minuscules dans l'air, provoquant chez tous les animaux de leur entourage une sensation de brûlure et de démangeaison dans les yeux, le nez et la gorge.

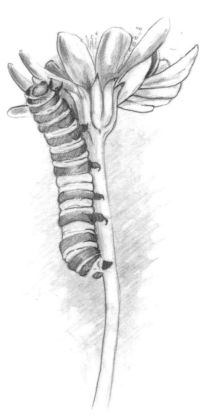

une tyria

Les tyrias sont venimeuses, mais ce n'est pas pour cette raison que les oiseaux les évitent. Vues d'en haut, avec leurs rayures jaunes et noires, les chenilles ressemblent à des guêpes.

La rascasse

La rascasse est le poisson le plus venimeux du monde. Il pourrait très bien être aussi le plus laid. Il se cache parmi les récifs de corail des océans Indien et Pacifique.

Se cacher est vraiment le terme exact, même lorsque ce poisson sillonne le fond marin ou les récifs. Il est si bien camouflé qu'il ressemble à du corail mort ou à une pierre. Il est même difficile de différencier sa tête de sa queue.

La rascasse passe son temps couchée, immobile, à attendre qu'une proie passe à proximité. Elle se jette alors sur elle, et ses énormes mâchoires s'ouvrent bien grand et se referment d'un coup sec, comme un piège d'acier. Tout se passe si vite qu'il est difficile de savoir si la rascasse a bougé. Une chose est cependant certaine : la proie a disparu.

Pour un prédateur potentiel, le danger de la rascasse réside dans les seize aiguilles effilées, cachées le long de son dos. Ces aiguilles sont reliées à deux sacs de poison, et des sillons les parcourent de chaque côté. Dès qu'une pression est exercée sur les aiguilles, le poison sort des glandes, s'écoule dans les sillons et s'infiltre dans la piqûre faite par l'aiguille.

un colappe

Le colappe est un autre animal des fonds marins à l'allure étrange. Il porte des «gants» — de minuscules anémones collées à ses pinces. Lorsque le crabe aperçoit sa proie, il l'attaque avec ses pinces bien armées. Les anémones piquent la victime et le crabe la mange. Ensuite, il se remet en route, fournissant aux anémones un nouvel endroit pour se nourrir.

La tarentule

La tarentule typique ne mérite pas vraiment sa mauvaise réputation. Les incidents impliquant des personnes qui se sont fait piquer par une tarentule sont rares, et sa piqûre n'est pas pire que celle d'une guêpe ou d'une abeille. La tarentule est tout de même une menace suffisante pour les petits prédateurs... et les proies.

Si un insecte ou un oiseau s'approche pour la mordre, la tarentule déploie quelques-uns de ses poils et les lance au visage de son ennemi. Les poils sont irritants et peuvent distraire l'attaquant un court instant pendant que l'araignée se sauve.

Parce qu'elle ne tisse pas de toile, la tarentule doit aller à la recherche de nourriture. Elle essaie donc de garder son venin pour la chasse. La tarentule transmet son poison en mordant sa proie avec ses puissantes mâchoires. Ensuite, elle mastique son repas jusqu'à le réduire en bouillie, puis aspire les sucs à l'aide de sa minuscule bouche.

Les gens croyaient que la morsure de la tarentule pouvait les rendre somnolents et tristes. Ils pensaient que la seule cure possible était d'exécuter une danse sauvage, la tarentelle. L'araignée doit son nom à cette danse.

Les araignées qui mangent des oiseaux sont souvent appelées aussi tarentules. Pour des araignées, elles sont énormes. Les pattes tendues, ces animaux poilus sont plus gros qu'une main grande ouverte. Ils sont capables de saisir les oisillons dans leur nid et de les transporter plus loin pour les manger.

L'écaille tigre

L'écaille tigre est un beau papillon de nuit. Sa tête et son thorax sont couverts de fins poils bruns qui ressemblent à de la fourrure. L'arrière de sa tête est garni de poils rouges. Son abdomen long et segmenté est orange, rayé de noir, comme le dos d'un tigre.

En comparaison, les ailes brunes et blanches de ce papillon de nuit semblent ordinaires. Mais sous ses ailes extérieures se cache une autre paire d'ailes d'un rouge brillant, garnies de points noirs. Lorsque l'écaille tigre sent le danger, elle déploie ses ailes extérieures pour exposer ses ailes colorées. Elle dresse aussi sa garniture de poils rouges, pour la rendre plus évidente. Ce déploiement superbe est aussi une mise en garde pour les prédateurs comme les oiseaux.

Le papillon de nuit sécrète, grâce à des glandes situées dans son thorax laineux, un poison au goût amer. Un oiseau qui en mange peut être malade et les gens qui y sont sensibles sentent une petite piqûre s'il leur touche la peau.

Les papillons de nuit mesurent environ deux centimètres de long. Les ailes déployées, ils ont une envergure d'environ sept centimètres.

ours laineux

> Les chenilles de l'écaille tigre sont complètement couvertes de longs poils noirs, bruns et blancs, ce qui leur vaut leur surnom d'ours laineux. Les poils ne piquent pas, mais ils laissent une sensation désagréable dans la bouche.

La torpille

Il peut être troublant de rencontrer une torpille. Cet animal à l'allure mystérieuse possède des organes spéciaux, situés près de sa tête, qui peuvent produire une charge électrique très impressionnante. Si un autre animal touche la raie, il est secoué par une puissante décharge électrique.

Le premier choc que donne la torpille est le plus puissant, mais elle peut continuer à en donner de moins forts, jusqu'à ce que sa «batterie» soit complètement déchargée. Les chocs les plus puissants arrêteront net l'ennemi. Les chocs les plus faibles surprendront au moins l'attaquant, laissant à la torpille le temps de s'enfuir.

La torpille a besoin de plusieurs jours pour recharger ses «piles». Elle passe habituellement son temps à se reposer tranquillement sur les fonds marins. D'autres sortes de raies font la même chose, se nourrissant d'animaux comme les crustacés qui ne peuvent pas s'enfuir. Mais la torpille bondit et saisit les poissons qui nagent tout près d'elle. Les scientifiques pensent qu'il lui est possible de produire un petit champ électrique autour de son corps. La torpille sent peut-être quand un poisson traverse ce champ invisible.

La raie épineuse est un autre défenseur dangereux. Elle a une très longue queue qui se termine par des aiguilles plates et effilées comme des lames de rasoir et recouvertes d'un poison visqueux. Si elle est en danger, la raie épineuse assène un violent coup de fouet à son ennemi avec sa queue venimeuse. Il peut en résulter une plaie importante et très douloureuse.

La guêpe

Comme défenseurs, les guêpes sont vicieuses. La morsure d'une guêpe est très douloureuse et ses substances chimiques empoisonnées peuvent causer des brûlures cuisantes. Le poison qu'une guêpe fabrique s'accumule dans une glande spéciale située à l'extrémité de son abdomen. Cette glande est reliée à un aiguillon pointu et creux. Lorsque la guêpe enfonce son aiguillon dans la peau d'un animal, le poison s'infiltre dans la plaie.

La guêpe pique habituellement lorsqu'elle est attaquée ou lorsque quelqu'un s'approche trop près d'elle ou de son nid. Mais en tant que prédateur, la guêpe possède une morsure plus mortelle que sa piqûre. Une guêpe adulte se nourrit d'un peu de nectar ou de fruit mûr, mais elle est toujours à l'affût de nourriture pour les jeunes larves de la ruche. Elle atterrit soudainement sur un insecte convoité et le saisit dans ses puissantes mâchoires. Ensuite, elle dépouille l'insecte de ses ailes et de ses pattes et s'envole vers le nid avec le corps. Dans le nid, le corps est mastiqué et les sucs servent à nourrir les larves affamées.

Le fort bourdonnement de la guêpe prévient de son arrivée. Ses rayures jaunes et noires mettent en garde les oiseaux et les autres insectivores.

Certains insectes qui portent d'autres noms, comme le frelon à livrée jaune, sont aussi des guêpes. Sa piqûre est aussi douloureuse que celle de la guêpe.

Le zorille

Le zorille, ou putois rayé, est un mammifère familier d'Afrique et un de ceux que l'on n'oublie pas. C'est parce que les effets de sa défense chimique durent pendant des semaines.

Avec ses rayures noires et blanches et sa queue blanche touffue, le zorille ressemble à une mouffette d'Amérique du Nord miniature. Sa tête est légèrement plus aplatie et il a trois marques blanches sur le visage au lieu d'une.

Les marques blanches du zorille se voient bien la nuit, le moment où il préfère errer, et préviennent clairement de ne pas s'approcher. Si un ennemi est suffisamment bête pour ne pas tenir compte de l'avertissement, le zorille lui tourne le dos, mais non pour l'ignorer. Tout comme la mouffette, il projette un «parfum» puissant provenant d'une glande anale. Ce liquide, d'une odeur absolument infecte, n'est pas seulement nauséabond; il peut rendre temporairement aveugle lorsqu'il atteint directement les yeux. Tandis que l'attaquant arrosé recule de panique, le zorille en profite pour se sauver.

La punaise aux couleurs brillantes est l'insecte zorille du globe. Ses glandes corporelles produisent une odeur infecte et un liquide au goût horrible qui peut être projeté sur un attaquant.

16

21

26

17

22

27

18

23

28

19

24

29

20

25

30